¡Yo quiero leer

MW00982063

Marie-Rose de Luca
Traducción: Ma. del Pilar Ortiz Lovillo

**Preescolar
Nivel A**

Este libro pertenece a:

_ _ _ _ _ _ _ _ _

edad: _ _ _ _ _ _ _ _

LAROUSSE

Aribau 197-199 3ª planta
08021 Barcelona

Dinamarca 81
México 06600, D.F.

Valentín Gómez 3530
1191 Buenos Aires

21 Rue du Montparnasse
75298 París Cedex 06

Presentación

■ Aprender a leer a los 3 o 4 años permite sensibilizarse con el mundo de la escritura y comprender la importancia de este aprendizaje:
• leer es divertirse descubriendo historias,
• leer es comunicarse por medio de tarjetas postales,
• leer es también informarse, adquirir un saber para realizar algo,
• pero leer, es también dar un sentido y un significado a los signos.

■ Al prepararse para este aprendizaje, es necesario desarrollar habilidades como: escuchar, obtener atención visual selectiva, memoria, reflexión y lógica, las cuales se desarrollan con las actividades que se proponen en este libro.

■ Adaptadas al niño pequeño con una dificultad progresiva, estas actividades le permitirán iniciarse en la lectura con facilidad, complementando lo que aprende en la escuela. Cada doble página aborda un objetivo fácil de identificar para el adulto y comprensible para el niño, gracias a la sencillez de las indicaciones y a la atractiva presentación. Además, la compañía de los simpáticos monstruos lo motiva a apropiarse del libro, con el fin de que leer represente un placer.

■ Para ofrecer al niño más oportunidades de lograrlo, conviene proponerle estas actividades en el momento en que esté más tranquilo y desocupado. Si el adulto lee los textos de manera alegre y dinámica, éstos despertarán en el niño el deseo de interesarse en las actividades y lo animarán a realizarlas con entusiasmo.

ZOE

TEO

Colorea el sombrero de estos personajes.

LUC

ESTHER

Lunacowhixv

¡Ay, ay, ay!

Cuando la luna brilla
la noche es una maravilla.
Por los aires, los brujos vuelan contentos
pero la pequeña brujita se cae sobre el pavimento.

Como había comido mucho,
se llevó un buen susto
con el duro batacazo
que la escoba le brindó
al romperse en dos pedazos.

■ **Colorea** a la brujita que rompió su escoba.

Colorea de azul el sombrero de Esther cuando esté arriba.

Teo y Esther

Querido Teo:

Te invito a mi fiesta de cumpleaños. Trae tus patines porque jugaremos a las carreras.

Besos,
ESTHER

Señor Teo Ledino
Calle del Volcán 7
Dinovilla C.P. 78014

■ **Encierra** en un círculo a la persona que invitó a TEO.

Identifica diferentes escritos

- **Señala** las revistas y las cartas.
- **Encierra** en un círculo las tarjetas postales.

- **Une** con una línea las estampillas a los objetos que las necesitan.

Curioso encuentro

Cuando una brujita
encuentra un hada muy bonita,
¿qué harán juntas?
¡Jugar, bailar o correr
o disfrazarse con placer!

■ ¿Qué hacen Esther y Zoe? **Colorea** la estrella de la imagen correcta.

Distingue las diferencias

- **Observa** la imagen de arriba.
- **Encierra** en un círculo lo que ha cambiado en la imagen de abajo.

Luc, el duende que cuenta

1 y 1, 2, un duende veloz

2 y 2, 4, corre en cuatro patas

4 y 4, 8, para llegar a las ocho

8 y 8, 16, todas las sillas deja al revés.

■ ¿De quién estamos hablando? **Colorea** el dibujo correcto.

■ ¿Qué hace el duende? **Dibuja** una cruz debajo del dibujo correcto.

Reconoce los números

■ **Encierra** los números en un círculo.

■ **Termina** el número que Luc escribió en línea punteada.

Toc, toc, toc

Toc, toc, toc...
¿quién llama a la puerta?
¿es un ratoncito?
¿o es María, la coneja?
Soy yo, tu amiga el hada,
que ando un poco desvelada.

■ **Une** la llave con el personaje que va a entrar.

Reconoce las formas

■ **Une** los animales y el hada con su sombra.

■ **Colorea** el sombrero del hada.

Las tonterías de Esther

La bruja Amandina
tiró todo en la cocina.
Por el suelo se amontonan
café, harina, cacerolas,
y un poco de chocolate.
¡Lleve cuidado señora!

■ ¿Quién tiró todo?
   Pon una cruz a un lado de la imagen que corresponde.

■ **Haz** una cruz debajo de la viñeta que muestra todo lo que pasó.

Distingue los detalles

■ **Une** cada dibujo a su empaque.

■ **Encierra** en un círculo los pedazos que formen un plato parecido al modelo.

15

La gorra de Teo

■ **Cuenta** la historia.

Compara los dibujos t N z

■ **Observa** este dibujo. Algo le falta.

Encierra en un círculo lo que debería estar en el dibujo de arriba.

■ **Dibuja** en la gorra lo que falta.

 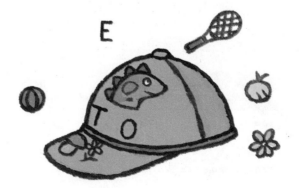

17

¡Oh, pobre curiosa!

En la orilla del estanque, Zoe pregunta intrigada:

"Nube, nube, ¿por qué eres gris?, ¿estás mala?"

La nube sin contestar, se marcha medio enfadada.

Zoe busca a la ranita y decidida la llama:

"Ranita, ranita, ¿por qué es verde tu cara?"

La ranita muy contenta, en el estanque se clava

¡PLUF, pluf, pluf! Y en un instante

Zoe queda bien mojada.

■ ¿Con quién habla Zoe? **Coloréala.**

Reconoce una letra

¿De quién es esta mochila?
Traza el camino correcto.

Teo en bicicleta

Papá le quitó las rueditas a la bicicleta de Teo,

y él se siente feliz y contento

porque puede ir tan rápido como el viento.

■ **Une** a la bicicleta lo que le corresponde.

Ordena una historia

- Estas imágenes cuentan una historia en desorden.

  Ponlas en orden dibujando:
  - • debajo de la primera imagen,
  - • • debajo de la segunda imagen,
  - • • • debajo de la tercera imagen.

¿Quién tiene miedo?

"Tengo miedo, ¿quién va a protegerme?",
se pregunta Luc.
"¿Un perro? ¡Oh, no, podría morderme!
¿Una espada? ¡Oh, no, podría cortarme!
¿Un gigante? ¡Oh, no, podría comerme!
¿Quién entonces? Nadie, esperaré a crecer
para a nada más temer".

■ **Encierra** en un círculo a quien podría comerse a Luc.

Reconoce a un personaje

■ **Dibuja un punto rojo** debajo de los libros que hablan de duendes.

El duende bromista

Los dinosaurios

La ira de la bruja

Rody en la escuela

Dorotea, el hada

El gigante del bosque

El duende y su perro

El duende monta en bicicleta

El zorro en el país de los duendes

El gato de la bruja

La bruja cocinera

A Esther, la pequeña bruja,

no le gustan los sapos

ni los caracoles.

para no comer

patas de araña,

ni gusanos asados,

cocinará pasteles dorados,

azucarados

¡y sobre todo muy bien horneados!

- **Dibuja** un círculo verde debajo de la imagen que cuenta el final de la historia.

Comprende una historia

■ **Observa** bien estas imágenes.

Encierra en un círculo la imagen que cuenta la continuación de la historia.

■ **Dibuja y colorea** el pastel que está en línea punteada.

Festín de bruja

Para cocinar como Esther, se necesita:

– pasta de almendras rosa,
  verde y blanca,

– una bolsita de piñones,

– unos cuantos dulces pequeñitos y redondos,

– una cucharilla.

Erizo enojado

· Toma una bola de pasta
  de almendras blanca.

· Aplánala de un
  lado para formar
  el cuerpo del erizo.

· Hunde dos dulces pequeños
  en el extremo alargado:
  son sus ojos.

· Ponle los piñones por
  todo el cuerpo.

¡Muy bien ya tiene púas!

¡Saboréalo
y disfrútalo!

Lee una receta

Caracol en barca

* Toma una bola de pasta de almendras blanca.
* Ruédala en tus manos para hacer una barra.
* Enróllala en espiral para formar el caparazón del caracol.
* Prepara de la misma manera una barra de pasta de almendras rosa.

  Ya tienes el cuerpo del caracol.
* Coloca el caparazón sobre el cuerpo del caracol.
* Con la pasta rosa moldea dos barritas: son los cuernos.
* Colócalos sobre la cabeza y ponle dos dulces para hacer los ojos:

El caracol está listo.

Para que se vea más bonito:
* Toma un poco de pasta de almendras verde, aplánala para formar una hoja.
* Dibuja la nervadura con una cuchara.
* Coloca tu caracol encima.

Ahora inventa cómo hacer:

Una serpiente

un ratón

una araña...

Una enorme bestia

Cric, crac, croc. "¿Quién rasca tan fuerte?",

se pregunta Luc.

"No es el búho, ni sus pequeños,

¡es una enorme bestia que quiere comerme!"

Pronto, Luc se esconde detrás de un árbol.

Cric, crac, croc.

Pero si es sólo un ratoncito que sale de su agujero.

■ **Une** con una línea a Luc con el lugar donde se esconde.

Busca al intruso

■ **Encierra** al intruso en un círculo.

ZOE

2

LUC

hada

TEO

papá

mamá

bici

ESTHER

■ Es la danza de los duendes.

¿Quién no debería estar con ellos? **Tacha** a los intrusos.

La caja embrujada

¡Zoe, Zoe, no la toques, no es tuya!

Pero la caja es muy bonita,

Zoe levanta la tapa...

¡Qué horror, un guerrero

sale de la caja!

¡¡¡MAMÁ, MAMÁ

AUXILIO!!!

Mamá acude

con su varita mágica,

¡y lo desaparece!

■ **Encierra** en un círculo a quien sale de la caja.

Reconoce una palabra

● **Dibuja** a tu mamá.

MAMÁ

● **Dibújate** tú.

● **Escribe** tu nombre con la ayuda de alguien.

....

● **Encierra** en un círculo la palabra MAMÁ cada vez que la veas.

MAMÁ

MAMÁ

HADA

TEO

MIMÍ

DOROTEA

MAMÁ

ESTHER

MAMÁ

Índice

Presentación — 2-3

¡Ay, ay, ay! – ubicarse en el espacio: distinguir arriba y abajo. — 4-5

Teo y Esther – distinguir diferentes escritos:
revistas, cartas, tarjetas postales. — 6-7

Curioso encuentro – distinguir las diferencias entre dibujos. — 8-9

Luc, el duende que cuenta – reconocer números,
distinguirlos de las letras. — 10-11

Toc, toc, toc – reconocer formas. — 12-13

Las tonterías de Esther – identificar detalles,
asociar los elementos que forman un todo. — 14-15

La gorra de Teo – comparar el dibujo
y encontrar el elemento que falta. — 16-17

¡Oh, la pobre curiosa! – reconocer la letra L. — 18-19

Teo en bicicleta – ordenar una historia en el tiempo. — 20-21

¿Quién tiene miedo? – reconocer a un personaje entre otros. — 22-23

La bruja cocinera – comprender una historia:
orden lógico y cronológico. — 24-25

Festín de bruja – leer una receta. — 26-27

Una enorme bestia – buscar al intruso entre dibujos,
palabras y números. — 28-29

La caja embrujada – reconocer una palabra. — 30-31